Índice

Rourke
Educational Media

A Division of
Carson
Dellosa
Education.

rourkeeducationalmedia.com

¿Puedes encontrar estas palabras?

acicalan

grupo

guardia

manada

¿Los animales tienen familias?

Algunos animales tienen familias.

Los elefantes viven en familia.

La mamá es la jefa.

Los leones viven en familia.

manada

El papá protege a su **manada**.

Los chimpancés viven en familia.

acicalan

Se **acicalan** unos a otros.

Las orcas viven en familia.

grupo

Su familia se llama **grupo**.

Los suricatos viven en familia.

guardia

Se turnan para hacer **guardia**.

¿Encontraste estas palabras?

Se **acicalan** unos a otros.

Su familia se llama **grupo**.

Se turnan para hacer **guardia**.

El papá protege a su **manada**.

Glosario fotográfico

 **acicalar:** arreglar o limpiar a un animal.

 **grupo:** conjunto de varios animales marinos.

 **guardia:** proteger a alguien del peligro.

 **manada:** un grupo de animales, en este caso leones.

Índice analítico

Sobre la autora

Michelle García Andersen vive con su esposo y tres hijos adolescentes. Sus perros también son una parte importante de su familia. Vive en el sur de Oregón en un hogar lleno de risas.

© 2020 Rourke Educational Media

www.rourkeeducationalmedia.com

PHOTO CREDITS: Cover: ©tratong; p.2,8-9,14,15: ©ThomasDeco; p.2,12-13,14,15: ©nattanan726; p.2,10-11,14,15: ©Tory Kallman; p.2,6-7,14,15: ©Teresa Moore; p.3: ©prasit chansarekorn; p.4-5: ©mlal33

Edición: Keli Sipperley
Diseño de la tapa e interior: Rhea Magaro-Wallace
Traducción: Santiago Ochoa
Edición en español: Base Tres

Library of Congress PCN Data
¿Los animales tienen familias? / Michelle García Andersen
(Tiempo para descubrir)
ISBN (hard cover - spanish)(alk. paper) 978-1-73160-538-2
ISBN (soft cover - spanish) 978-1-73160-552-8
ISBN (e-Book - spanish) 978-1-73160-545-0
ISBN (e-Pub - spanish) 978-1-73160-716-4
ISBN (hard cover - english)(alk. paper) 978-1-64156-205-8
ISBN (soft cover - english) 978-1-64156-261-4
ISBN (e-Book - english) 978-1-64156-309-3

Library of Congress Control Number: 2018967490

Printed in the United States of America, North Mankato, Minnesota